Succession Duchesne

IMPRIMERIE MAULDE ET RENOU

A. MAULDE & Cie

IMPRIMEURS DE LA COMPAGNIE DES COMMISSAIRES-PRISEURS

Rue de Rivoli, 144

VENTE

AUX ENCHÈRES PUBLIQUES

Après décès de M. DUCHESNE

A la requête de M. NAVARRE, administrateur judiciaire

DE

CHEMINÉES EN MARBRE

D'Art et de Commerce, anciennes et modernes

STYLES RENAISSANCE, LOUIS XIV, LOUIS XV ET AUTRES

OBJETS D'ART

STATUES, BUSTES, COLONNES, VASES ET PIÉDESTAUX

TRÈS GRANDE QUANTITÉ DE MARBRES BRUTS

En blocs et en tranches de toutes provenances

PORPHYRES DE FINLANDE, CIPOLIN

Rampes de balcons en fer forgé, Boiseries anciennes, Figures en bois

A PARIS, AVENUE DE SUFFREN, 13

Les Jeudi 9, Vendredi 10 et Samedi 11 Novembre 1893

A UNE HEURE

Me Léon TUAL	Me TERNISIEN
COMMISSAIRE-PRISEUR	COMMISSAIRE-PRISEUR
Rue de la Victoire, 56	Rue Saint-Lazare, 32

Assistés de M. H. GRUOT, Marbrier-Expert
A Paris, boulevard Voltaire, 181

CHEZ LESQUELS SE DISTRIBUE LE CATALOGUE

EXPOSITION PUBLIQUE

Les Mardi 7 et Mercredi 8 Novembre 1893

De une heure à cinq heures

CONDITIONS DE LA VENTE

Elle aura lieu expressément au comptant.

Les Acquéreurs paieront, en sus des adjudications, CINQ CENTIMES PAR FRANC.

La vente aura lieu sans aucune espèce de garantie en ce qui concerne l'état et la qualité des objets.

En cas de non paiement, les marchandises et objets seront revendus sur folle enchère, aux risques et périls des Acquéreurs.

A partir de l'adjudication et jusqu'à l'enlèvement, les marchandises et objets adjugés demeureront à la charge et aux risques et périls des Acquéreurs.

Les Acquéreurs seront tenus d'enlever à leurs frais et à leurs risques et périls les marchandises et objets adjugés.

NOTA. — Il est fait observer que les mesures indiquées ne sont qu'approximatives et ne sont données qu'à titre de renseignement.

Aucune réclamation ne sera admise une fois l'adjudication prononcée, vu la nature judiciaire de la vente.

A. Maulde et Cie, imprimeurs de la Cie des Commissaires-Priseurs, rue de Rivoli, 144. 500—37164

DÉSIGNATION

CHEMINÉES

1 — Cheminée marbre blanc, consoles galbée, foyer à panneaux de 1m 15.

2 — Cheminée marbre bleu turquin, consoles galbée, foyer à panneaux de 1m 15.

3 — Cheminée marbre blanc, consoles galbée à cannelures, foyer à panneaux de 1m 13.

4 — Cheminée marbre blanc, Pompadour, foyer à panneaux de 1m.

5 — Cheminée marbre blanc, Pompadour, foyer à panneaux de 1m 05.

6 — Cheminée marbre blanc, Louis XV uni, foyer à panneaux de 1m 15.

7 — Cheminée marbre rosé, Pompadour, foyer à panneaux de 1m 10.

8 — Cheminée marbre brèche, Pompadour, foyer à panneaux de $1^m 20$.

9 — Cheminée marbre blanc, Pompadour, foyer à panneaux de $1^m 05$.

10 — Cheminée marbre blanc, Pompadour, foyer à panneaux de $1^m 10$.

11 — Cheminée marbre blanc, consoles galbées à rouleaux et volutes garnies de bronze, foyer à panneaux de $1^m 80$.

12 — Cheminée marbre blanc, Louis XV uni, foyer à panneaux de $1^m 15$.

13 — Cheminée marbre rouge de Flandre, Louis XV ancienne, foyer à panneaux de $1^m 40$.

14 — Cheminée marbre blanc, Louis XV uni, foyer à panneaux de $1^m 15$.

15 — Cheminée marbre blanc, Pompadour, foyer à panneaux de 1^m.

16 — Cheminée marbre blanc, Pompadour, foyer à panneaux de $1^m 10$.

17 — Cheminée marbre blanc, à modillons, foyer à panneaux de $1^m 20$.

18 — Cheminée marbre blanc, Louis XV uni, foyer à panneaux de $1^m 30$.

19 — Cheminée marbre blanc, Pompadour, foyer à panneaux de $1^m 10$.

20 — Cheminée marbre noir fin, Renaissance avec intérieur cuivre, foyer à panneaux de $1^{m}80$.

21 — Façade de cheminée, marbre jaspé, riches moulures. Long. $2^{m}10$, haut. $1^{m}65$.

22 — Façade de cheminée, marbre rouge de Vérone, riches moulures. Long. $2^{m}38$, haut. $1^{m}87$.

23 — Cheminée pierre ancienne, Renaissance avec sculpture. Long. $1^{m}90$, haut $1^{m}65$.

24 — Cheminée marbre vert maurin, Louis XIII, riches moulures, à partie supérieure formant acrotère, haut. $1^{m}80$, foyer à panneaux de $1^{m}70$.

25 — Cheminée marbre rouge antique, Louis XIII, motif au travers, haut. $1^{m}60$, foyer à panneaux de $1^{m}95$.

26 — Cheminée marbre blanc, Pompadour, foyer à panneaux de $1^{m}05$.

27 — Cheminée marbre blanc, galbée à cannelures, foyer à panneaux de $1^{m}20$.

28 — Cheminée marbre blanc, Louis XV uni, foyer à panneaux de $1^{m}30$.

29 — Cheminée marbre blanc, Pompadour, foyer à panneaux de $1^{m}05$.

30 — Cheminée marbre blanc, Pompadour, foyer à panneaux de $1^{m}05$.

31 — Cheminée marbre blanc, Louis XV uni, foyer à panneaux de 1m30.

32 — Cheminée marbre blanc, à consoles galbées à rouleaux, garnie de bronze, foyer à panneaux de 1m90.

33 — Cheminée marbre bleu turquin, Louis XVI, rosaces aux têtes, foyer à panneaux de 1m30.

34 — Cheminée marbre blanc, Pompadour, foyer à panneaux de 1m05.

35 — Cheminée marbre blanc, Louis XV uni, foyer à panneaux de 1m 15.

36 — Cheminée marbre blanc, à consoles galbées, cannelées, foyer à panneaux de 1m 30.

37 — Cheminée marbre brèche, Pompadour, foyer à panneaux de 1m 10.

38 — Cheminée marbre blanc, Louis XV uni, foyer à panneaux de 1m 30.

39 — Cheminée marbre blanc, Louis XVI, foyer à panneaux de 1m.

40 — Cheminée marbre blanc, Pompadour, foyer à panneaux de 1m 10.

41 — Cheminée marbre blanc, Louis XV uni, foyer à panneaux de 1m 10.

42 — Cheminée marbre rosé vif, Louis XIV, foyer à panneaux de 1m30.

43 — Cheminée marbre blanc, Pompadour, foyer à panneaux de 1^m^.

44 — Cheminée marbre sarancolin, Louis XV, modèle riche, avec sculptures, foyer à panneaux de 1^m^70.

45 — Cheminée marbre blanc, Louis XVI, avec perles, motifs sculptés au travers et aux consoles, foyer à panneaux de 1^m^50.

46 — Cheminée marbre rouge de Flandre, Louis XV ancienne, avec sculptures, foyer à panneaux de 1^m^57.

47 — Cheminée marbre blanc, Louis XV uni, foyer à panneaux de 1^m^35.

48 — Cheminée marbre blanc, Louis XV uni, foyer à panneaux de 1^m^10.

49 — Cheminée marbre fleur de pêcher, Louis XIV, foyer à panneaux de 1^m^25.

50 — Cheminée marbre blanc, Louis XVI, motif sculpté au travers et feuilles aux consoles, foyer à panneaux de 1^m^60.

51 — Cheminée marbre Sainte-Anne belge, Louis XVI ancienne, foyer à panneaux de 1^m^50.

52 — Cheminée marbre blanc P, Renaissance à sculpture riche, guirlande et piastre aux consoles, foyer à panneaux de 1^m^83.

53 — Cheminée marbre griotte jaspée, très richement sculptée d'après l'ancien, foyer à panneaux de 1m 80.

54 — Cheminée marbre brèche violette, très richement sculptée d'après l'ancien, foyer à panneaux de 1m 90.

55 — Cheminée marbre Sainte-Anne gris, Louis XVI ancienne sans tablette foyer, à panneaux de 1m 70.

56 — Cheminée marbre blanc statuaire, avec enfants formant cariatides aux consoles, très richement ornée en sculpture, foyer plein de 2m 07.

57 — Cheminée marbre blanc Louis XVI, sculpture au travers et aux consoles, foyer à panneaux de 1m 50.

58 — Cheminée marbre rouge de Flandre, Louis XIV ancienne, foyer à panneaux de 1m 60.

59 — Cheminée marbre blanc P, motif sculpté au travers et feuilles aux consoles, foyer plein de 1m 50.

60 — Cheminée marbre blanc, Pompadour, foyer à panneaux de 1m.

61 — Cheminée marbre noir fin, Renaissance à partie supérieure formant deux corps, intérieur fonte, foyer à panneaux de 1m 68.

62 — Cheminée marbre blanc, Pompadour, foyer à panneaux de 1^{m}20.

63 — Cheminée marbre rouge de Flandre, Louis XV ancienne, foyer à panneaux de 1^{m}50.

64 — Cheminé marbre rosé vif, Pompadour, foyer à panneaux de 1^{m}10.

65 — Cheminée marbre blanc, Louis XVI, motif sculpté au travers et feuilles aux consoles, foyer à panneaux de 1^{m}40.

66 — Cheminée marbre portor, Louis XIII, foyer à panneaux de 1^{m}10.

67 — Cheminée marbre blanc, Pompadour, foyer à panneaux de 1^{m}05.

68 — Cheminée marbre rosé vif, Pompadour, foyer à panneaux de 1^{m}10.

69 — Cheminée marbre Levanto, Louis XVI à cannelures, foyer à panneaux de 1^{m}15.

70 — Cheminée marbre blanc, Louis XVI, motifs sculptés au travers et aux têtes, foyer à panneaux de 1^{m}50.

71 — Cheminée marbre blanc, Louis XVI à perles, motifs sculptés au travers et feuilles aux consoles, foyer à panneaux de 1^{m}40.

72 — Cheminée marbre blanc, Louis XV, avec sculptures, motif au travers et aux consoles. foyer à panneaux de 1^{m}50.

73 — Cheminée marbre blanc, Louis XV uni, foyer à panneaux de $1^{m}30$.

74 — Cheminée marbre blanc, Louis XVI, motif sculpté au travers et feuilles aux consoles, foyer à panneaux de $1^{m}50$.

75 — Cheminée marbre Sainte-Anne belge, Louis XVI ancienne, foyer à panneaux de $1^{m}53$.

76 — Cheminée marbre blanc veiné, Louis XVI à 1/2 colonnes aux consoles, travers et revêtements très richement sculptés, foyer plein de $1^{m}50$.

77 — Cheminée marbre rouge antique, Louis XVI à canaux, foyer à panneaux de 1^{m}.

78 — Cheminée marbre blanc, Pompadour, foyer à panneaux de $1^{m}05$.

79 — Cheminée marbre brèche, Pompadour, foyer à panneaux de $1^{m}20$.

80 — Cheminée marbre blanc, Louis XVI, branche de laurier sculptée au travers et feuilles aux consoles, foyer à panneaux de $1^{m}60$.

81 — Cheminée marbre bleu fleuri, Louis XV, motif sculpté au travers, foyer à panneaux de $1^{m}25$.

82 — Cheminée marbre brèche, Pompadour, foyer à panneaux de $1^{m}20$.

83 — Cheminée marbre Sainte-Anne belge, Louis XVI, rosaces aux têtes, foyer à panneaux de 1m55.

84 — Cheminée marbre blanc, Louis XVI, motifs sculptés aux têtes et feuilles aux consoles, foyer à panneaux de 1m30.

85 — Cheminée marbre blanc, Louis XV uni, foyer à panneaux de 1m15.

86 — Cheminée marbre blanc, Louis XV uni, foyer à panneaux de 1m25.

87 — Cheminée marbre rouge jaspé, Louis XIII, foyer à panneaux de 1m30.

88 — Cheminée marbre rouge de Flandre, Louis XIII, foyer à panneaux de 1m40.

89 — Cheminée marbre blanc, Louis XV uni, foyer à panneaux de 1m40.

90 — Cheminée marbre brèche blanche, Pompadour, à rouleaux aux têtes, foyer à panneaux de 1m30.

91 — Cheminée marbre blanc, Louis XVI, motif sculpté au travers et feuilles aux consoles, foyer à panneaux de 1m45.

92 — Cheminée marbre blanc, Louis XV, motif sculpté au travers et aux consoles, foyer à panneaux de 1m40.

93 — Cheminée marbre blanc, Louis XVI, motif au travers et feuilles aux consoles, foyer à panneaux de 1m45.

94 — Cheminée marbre blanc, Louis XVI à perles, motifs sculptés au travers et aux consoles, foyer à panneaux de 1m40.

95 — Cheminée marbre blanc statuaire, très richement sculptée, Louis XVI, très belle frise au travers, têtes de lions aux consoles, foyer à panneaux de 1m75.

96 — Cheminée marbre noir fin, Louis XVI, foyer à panneaux de 1m30.

97 — Cheminée marbre rouge de Flandre, Louis XIII ancienne, motif sculpté au travers, foyer à panneaux de 1m80.

98 — Un lot de morceaux divers, Porphyre, Granit rose, Granit des Vosges, etc.

99 — Un Banc marbre blanc sur trois pieds marbre blanc.

STATUES, BUSTES, COLONNES

100 — Une Colonne cipolin. Haut. 1m45, diam. 0m43.

101 — Une Colonne cipolin. Haut. 1m45, diam. 0m43.

102 — Une Colonne marbre rouge de Flandre, base vert Canrobert. Haut. $1^{m}50$, diam. $0^{m}38$.

103 — Une Colonne marbre rouge de Flandre, base vert Canrobert. Haut. $1^{m}50$, diam. $0^{m}38$.

104 — Une Statue marbre Cipolin rose : Bacchus.

105 — Une Colonne marbre blanc. Haut. $1^{m}16$, diam. $0^{m}28$.

106 — Une Colonne marbre blanc. Haut. $1^{m}16$, diam. $0^{m}28$.

107 — Une Gaine marbre fleur de pêcher. Haut. $1^{m}10$.

108 — Une Gaine marbre fleur de pêcher. Haut. $1^{m}10$.

109 — Une Gaine marbre noir veiné. Haut. $1^{m}15$.

110 — Une Gaine marbre noir veiné. Haut. $1^{m}15$.

111 — Une Gaine marbre brèche avec appliques marbre blanc, chapiteau orné, mouluré. Haut. $1^{m}60$.

112 — Une Gaine marbre brèche, avec appliques marbre blanc, chapiteau orné, mouluré. Haut. $1^{m}60$.

113 — Un Buste marbre blanc.

114 — Un Buste marbre blanc.

115 — Un Vase pierre avec sculpture.

116 — Un Vase granit rose oriental.

117 — Un très joli Vase granit rose oriental d'Égypte, avec anses, gauderons et sculpture. Haut. 1^m75.

118 — Une Pendule brèche orbiculaire.

119 — Un Travers sculpté, deux Têtes de cheminées marbre blanc statuaire.

120 — Une Vasque marbre Languedoc, montée sur pied. Haut. 0^m90, diam. 1^m10.

121 — Une Colonne granit du Jura. Haut. 1^m20, diam. 0^m34.

122 — Une Colonne granit du Jura de 1^m90 de hauteur.

123 — Une Colonne granit du Jura de 1^m90 de hauteur.

124 — Une Colonne marbre rouge de Flandre, socle et chapiteau marbre blanc. Haut. 2^m90.

125 — Une Colonne marbre rouge de Flandre, socle et chapiteau marbre blanc. Haut. 2^m90.

126 — Une Console marbre Languedoc avec vasque même marbre au milieu, 0^m90-0^m45.

127 — Une Gaine marbre Fleur de Pêcher. Haut. 1^m15.

128 — Une Gaine marbre Fleur de Pêcher. Haut. 1^m15.

129 — Une Colonne marbre Cipolin, base ornée de bronze. Haut. 1m30.

130 — Une Colonne marbre Cipolin, base ornée de bronze. Haut. 1m30.

131 — Un Fût de colonne marbre bleu Aspin. Haut. 1m.

132 — Un dessus de Vase marbre Languedoc.

133 — Un Buste, tête marbre blanc avec draperies marbre Sicile.

134 — Une Statue marbre blanc : Bacchus.

135 — Une Statue terre cuite : Italien.

136 — Une Statue terre cuite : Italienne.

137 — Un Socle marbre rose aurore. Long. 0m80, haut. 0m66.

138 — Un Socle marbre Ste-Beaune. Long. 0m50, haut. 0m48.

139 — Une Colonne marbre noir veiné. Haut. 3m28.

140 — Une Colonne granit du Jura. Haut. 2m95.

141 — Une Colonne granit du Jura. Haut. 2m95.

142 — Un beau Bas-Relief marbre blanc : Chanteurs.

143 — Un lot de Cheminées capucines, Foyers, Tablettes, Intérieurs faïence, morceaux divers et partie supérieure Languedoc.

144 — Un lot d'échantillons marbres divers, grands morceaux brèche et sarancolin.

145 — Un lot d'échantillons, Tablettes dépareillées cipolin et sarancolin.

146 — Un lot d'échantillons marbres divers, Consoles dépareillées, Dessus de meubles.

147 — Un lot d'échantillons, Tablettes et Foyers dépareillés.

148 — Un lot de parties supérieures dépareillées et divers morceaux.

149 — Un lot de parties supérieures et divers échantillons.

150 — Un Travers et deux Têtes sculptées.

151 — Une Colonne albâtre

152 — Un Buste marbre blanc.

153 — Un Enfant terre cuite.

154 — Un Buste marbre blanc.

155 — Un Buste marbre blanc.

156 — Un Buste marbre blanc

157 — Une Tête marbre blanc.

158 — Une Tête bas-relief marbre blanc.

159 — Un grand Buste marbre blanc, empereur romain.

160 — Un grand Buste marbre blanc, empereur romain.

161 — Un Buste de femme, marbre blanc.

162 — Un Buste marbre blanc.

163 — Un Buste de femme, marbre blanc.

164 — Un Buste marbre blanc.

165 — Un Buste de femme, marbre blanc.

166 — Une Tête marbre blanc.

167 — Un Vase marbre blanc, avec Piédouche. Haut. 0m75.

168 — Un Vase marbre blanc, avec Piédouche. Haut. 0m75.

169 — Un Vase marbre blanc, avec Piédouche. Haut. 0m75.

170 — Un Vase marbre blanc, avec Piédouche. Haut. 0m75.

171 — Un Vase marbre blanc, avec Piédouche. Haut. 0m75.

172 — Un Enfant marbre blanc.

173 — Un Enfant en pierre.

MARBRES BRUTS

174 — Un lot blocains spath fluor.

175 — Un lot blocains griotte brune, jaune de Tunisie, 9 tranches cipolin.

176 — Un lot 5 blocains Canrobert, 1 bloc jaune de Tunisie.

177 — Un lot dix Tranches porphyre de Finlande et Morceaux, un Bloc Canrobert.

178 — Un lot 9 tranches, porphyre de Finlande et Morceaux Canrobert.

179 — Un lot quantité de Blocains, albâtre jaune.

180 — Un lot plusieurs Épaisseurs et Morceaux, marbre blanc.

181 — Un Bloc gris de la Sarthe de $2^{m}75 \times 0^{m}95 \times 0^{m}50$.

182 — Un Bloc rosé de la Sarthe de $2^{m}20 \times 0^{m}95 \times 0^{m}60$.

183 — Une grande Colonne avec socle et chapiteau en pierre de Belvoye.

184 — Un lot douze Tranches, griotte brune, 7 Tranches albâtre jaune et divers Morceaux blanc.

185 — Un lot Morceaux granit des Vosges et Épaisseurs campan.

186 — Un lot, Blocain fleur de pêcher.

187 — Un lot Tranches marbre blanc clair et Morceaux.

188 — Un Bloc cipolin, $1^{m}60 \times 0^{m}65 \times 0^{m}35$.

189 — Un lot trois Tranches fleur de pêcher et morceaux, deux Tranches Levanto, Morceaux brèche.

190 — Un lot Tranches sarancolin, cipolin, rose aurore.

191 — Un lot plusieurs Épaisseurs marbre blanc et Morceaux.

192 — Un lot deux Morceaux, albâtre ancien, $4^{m}25 \times 0^{m}85$ et $4^{m}25 \times 0^{m}45$.

193 — Un lot Rosé de Caunes $2^{m}90 \times 1^{m}30 \times 0^{m}75$.

194 — Un lot Tranches et Morceaux brèche et campan, 1 bloc Canrobert.

195 — Un lot huit Tranches et Morceaux sarancolin, 1 Bloc brèche.

196 — Un lot divers Morceaux et Épaisseurs griotte.

197 — Un lot divers Morceaux et Épaisseurs griotte, consoles et travers dépareillés.

198 — Un lot Tranches rosé, épaisseur Languedoc, Morceaux blancs.

199 — Un lot Tranches et Épaisseurs vert de mer.

200 — Un lot cinq Blocs jaune de Tunisie.

201 — Un lot cinq Blocs jaune de Tunisie.

202 — Un Bloc campan $3^{m}30 \times 1^{m}05 \times 0^{m}55$.

203 — Un lot Bloc griotte $1^{m}50 \times 0^{m}60 \times 0^{m}30$, Blocain sarancolin.

204 — Un lot Tranches rosé, griotte brune et divers morceaux, Épaissseur sarancolin.

205 — Un lot Tranches et Blocains vert des Alpes.

206 — Un lot quatre Tranches rose aurore, Tranches brèche africaine, vert maurin, épaisseur porphyre de Finlande.

207 — Un lot dix-neuf Tranches fleur de pêcher, un Blocain rouge antique, campan vert, cipolin et Morceaux blancs.

208 — Un lot Blocain Canrobert, trois Epaisseurs brèche d'Alep, Morceaux et Épaisseurs marbre blanc, une Auge.

209 — Un lot Morceaux de Colonnes brèche, Tranches brèche des Pyrénées, Blocains blancs.

210 — Un lot Epaisseurs marbre blanc, Morceaux Languedoc et saraucolin.

211 — Un lot Morceaux et Épaisseurs Languedoc.

212 — Un lot une Épaisseur brèche, treize Tranches brèche portor.

213 — Un lot Blocains blanc statuaire et autres.

214 — Un lot Épaisseur brocatelle et Blocains cipolin.

215 — Un lot Épaisseur grand antique, Bloc vert des Alpes, Morceaux brèche violette.

216 — Un lot Bloc saraucolin 2m30 × 0m60 × 0m45, Épaisseur brèche grise, Morceaux rouge antique.

217 — Un lot deux Tranches bleu, une Épaisseur marbre rance, Blocains griotte brune, brèche et rouge de Flandre.

218 — Un lot quantité de Tranches en albâtre jaune.

219 — Un lot Morceaux de consoles, tablettes, Epaisseurs diverses.

220 — Un lot Morceaux et Épaisseurs marbre blanc et brèche.

221 — Un lot Blocains et Épaisseurs marbre griotte.

222 — Un lot Blocains cipolin, sarancolin et blanc, Tranches rosé.

223 — Un lot Bloc jaune de Tunisie, Morceaux de statuaire, griotte, sarancolin.

224 — Un lot Bloc campan isabelle, vingt-trois Tranches campan de $2^{m}25 \times 3^{m}10$.

225 — Un lot Bloc griotte brune, Morceaux Paonnazetto et brèche.

226 — Un lot Blocain rouge acajou, bloc jaune de Tunisie et Morceaux.

227 — Un lot Blocains serpentine de Corse, rouge antique, noir veiné, albâtre jaune rubanné.

228 — Un lot Blocains serpentine de Corse, rouge antique, noir veiné, albâtre jaune rubanné.

229 — Un lot une grande Vasque, Blocains rose auorre, Morceaux icpolin, Consoles brèche savoyarde.

230 — Un lot Bloc albâtre jaune, Bloc rose aurore.

231 — Un Morceaux divers, Sainte-Anne, noir.

232 — Un lot Tranches en serpentine de Corse, Blocains granit.

233 — Une Colonne jaune Sainte-Beaune. Long. $5^{m}25$.

234 — Un lot Carreaux marbre blanc, remplissages noir et griotte, divers morceaux et épaisseurs.

235 — Un lot Tranches et Morceaux rose aurore.

236 — Un lot Bloc et épaisseur granit belge, quantité de Morceaux de pierre.

237 — Un lot Morceaux jaune de Sienne et Blocain albâtre jaune.

238 — Un lot Morceaux divers brèche.

239 — Un lot Morceaux divers campan, Blocain jaune de Tunisie.

240 — Un lot Morceaux divers sarancolin.

241 — Un lot Blocains griotte, campan, albâtre.

242 — Un lot Blocains cipolin et griotte.

243 — Un lot un Bloc grand antique du nord de $2^m55 \times 0^m85 \times 0^m58$ épaisseur brèche d'Alep, Blocain caroline.

244 — Un lot Blocains brèche et rose aurore.

245 — Un lot bloc albâtre jaune, Morceaux brèche et sarancolin.

246 — Un lot Carreaux marbre blanc et noir.

247 — Un lot Morceaux rouge de Flandre et autres.

248 — Un lot Morceaux brèche violette et Tranche rouge.

249 — Un lot Morceaux et épaisseur marbre blanc.

250 — Un lot dix Blocains granit belge, morceaux divers.

251 — Un lot Colonnes débitées, épaisseurs granit, Morceaux cipolin.

252 — Un lot Tranches et épaisseurs griotte, campan, morceaux divers.

253 — Un lot épaisseurs rose aurore, morceaux divers.

254 — Un lot Morceaux noir veiné.

255 — Un lot Morceaux bleu turquin.

256 — Un lot Tranches campan et porphyre, quatre Blocains porphyre de Finlande.

257 — Un lot Blocains Canrobert, quantité de Déchets porphyre de Finlande, épaisseur granit des Vosges.

258 — Un lot Blocains et épaisseurs sarancolin.

259 — Un Bloc griotte campan 3^{m}00 × 1^{m}00 × 0^{m}40.

260 — Un lot Blocains Languedoc et rose aurore.

261 — Un lot Morceaux rose aurore et sarancolin.

262 — Un lot environ vingt Tranches brèche blanche, Blocains et Morceaux fleur de pêcher.

263 — Un lot neuf Blocs jaune de Tunisie.

264 — Un Bloc campan, 2^{m}90 × 0^{m}90 × 0^{m}55.

265 — Un Bloc campan 4^{m}20 × 0^{m}90 × 0^{m}60.

266 — Un lot Bloc porphyre de Finlande et trois Blocs jaune de Tunisie.

267 — Un lot Épaisseur grand antique, Tranche portor, Épaisseur statuaire.

268 — Un lot trois Blocs jaune de Tunisie, Épaisseur brocatelle, blocain rose aurore, trois Blocs albâtre, divers Morceaux sarancolin.

269 — Un lot Tranches et Épaisseurs brèche, rosé, brèche de Corse.

270 — Un lot Tranches et Épaisseurs Languedoc et bleu.

271 — Un lot Tranches blanc, rosé, campan, etc.

272 — Un lot Épaisseurs griotte, Blocains Canrobert.

273 — Un lot six Tranches cipolin et Morceaux.

274 — Un lot Tranches campan vert, rosé, noir, Morceaux divers, un Bloc Canrobert.

275 — Un lot Bloc Canrobert, Tranches rouge de Flandre, rosé et divers.

276 — Un lot quatre Tranches rouge de Flandre, $3^{m} \times 1^{m}10$.

277 — Un lot deux Blocs cipolin, albâtre jaune, trois Blocs jaune de Tunisie, un Bloc sarancolin.

278 — Un lot une Tranche campan, huit Tranches Languedoc.

279 — Un lot six Tranches brèche Fonato et Morceaux.

280 — Un lot sept Tranches Levanto et Morceaux.

281 — Un lot Épaisseur campan, Bloc jaune de Tunisie.

282 — Un lot Morceaux cipolin et sarancolin.

283 — Un lot Épaisseur brèche, Morceaux Canrobert et divers.

284 — Un lot Consoles et Travers anciens dépareillés.

285 — Un lot Consoles et Travers anciens dépareillés.

286 — Un lot Consoles et Travers anciens dépareillés et quatre Colonnes épannelées.

287 — Un lot deux Bornes granit rose d'Égypte.

288 — Un lot deux Bornes granit rose d'Égypte.

289 — Un lot deux Bornes granit rose d'Égypte.

290 — Un lot Intérieur et Plaque de fonte.

291 — Un lot Rampe en fer forgé.

292 — Un lot Balcons en fer forgé.

293 — Un lot Boiseries.

294 — Un lot Cadres dorés.

295 — Un lot Figure bois sculpté.

296 — Un lot Tablettes dépareillées.

297 — Un lot petite Vasque sarancolin.

298 — Sous ce numéro seront vendus les Objets non compris au catalogue.

www.ingramcontent.com/pod-product-compliance
Ingram Content Group UK Ltd.
Pitfield, Milton Keynes, MK11 3LW, UK
UKHW020529180726
13839UKWH00005B/2399